Lk §10.

PÈLERINAGE

DE

SAINTE APOLLONIE

A ASSIONS, CANTON DES VANS

(Ardèche).

PÈLERINAGE

DE

SAINTE APOLLONIE

A ASSIONS, CANTON DES VANS

(ARDÈCHE).

AVEC LES LITANIES DE LA SAINTE

Approuvées par Mgr l'Evêque de Viviers.

O bienheureuse Apollonie, Vierge et Martyre de Jésus-Christ, priez pour nous et pour la sainte Eglise de Dieu !

LYON
IMPRIMERIE D'ANDRÉ PERISSE
IMPR. DE N. S. P. LE PAPE
Et de Son Em. Mgr le Cardinal-Archevêque
1862

AVERTISSEMENT.

Ce fut au commencement de ce siècle que la dévotion à sainte Apollonie prit naissance parmi nous et s'y propagea, à la grande édification des fidèles. Depuis lors, cette dévotion a toujours été en augmentant, et aujourd'hui elle a acquis une telle extension et pris de si amples développements, qu'elle paraît être devenue générale et comme populaire dans le pays. C'est un de ces besoins locaux, pour ainsi dire ; une de ces nécessités morales autorisées par la Providence pour conserver la foi dans une contrée et y maintenir puissamment l'esprit chrétien et la pratique des vertus. De sorte que ce qui au début semblait être un effet du hasard ou le résultat de combinaisons humaines, est devenu maintenant, par la grâce de Dieu, un instrument de salut, et un moyen de sanctification pour beaucoup de gens. Il n'est personne, en effet, dans la paroisse et aux environs, qui n'ait une dévotion spéciale à sainte Apollonie, et qui ne l'invoque dans tous ses besoins et dans toutes ses peines. Tous, sans exception, depuis le vieillard jusqu'à l'enfant, depuis la veuve chargée d'ans jusqu'à la jeune fille encore revêtue des beautés de l'innocence, trouvent un charme singulier et un intérêt véritable à rendre à cette Sainte un culte d'affection et de dévouement journaliers.

Aussi, en considérant l'élan pieux et la foi sincère qui amènent tant de chrétiens aux pieds de cette illustre Vierge, nous ne pouvons nous empêcher de voir dans cet attrait une manifestation de la volonté de Dieu, qui veut qu'on honore sur la terre celle qui lui est déjà unie dans les cieux, et qui, non content de consoler ses élus ici-bas, se plaît encore à les couronner de gloire pendant toute l'éternité.

C'est donc, pour entrer dans les vues de la Providence, et aussi pour satisfaire la dévotion publique, que je me suis décidé à mettre au jour une modeste brochure en l'honneur de notre Sainte. J'espère que cette publication sera accueillie avec autant de bienveillance et de bonté, que je mets de droiture et de sincérité dans ma rédaction, et je le crois d'autant plus volontiers qu'un opuscule de ce genre n'avait pas encore paru jusqu'à nos jours, quoiqu'il fut vivement désiré et impatiemment attendu par toutes les localités environnantes. Au reste, quel qu'en soit le résultat, il m'a semblé que sainte Apollonie, honorée depuis tant d'années dans le pays, et chère aux habitants par la multitude des guérisons qu'elle a opérées, avait bien droit sans doute à être mieux connue et à être plus estimée à l'avenir. Telle est, avec la gloire de Dieu et le zèle du salut des âmes, le motif qui m'a déterminé à prendre la plume pour payer au nom de tous un tribut de reconnaissance et d'amour à cette glorieuse Sainte, et porter au loin la grandeur de ses mérites et de son intercession. Après cela, je laisse le succès de ce petit écrit à notre aimable Patronne, et je la supplie, pour toute récompense, de nous bénir et de nous protéger toujours du haut de la montagne où la foi de nos pères l'a honorablement placée. Mon unique désir est de glorifier le bon Dieu et de procurer le salut de quelque âme : si j'obtiens ce résultat, je me croirai trop bien payé, comme aussi, si je viens à échouer, je ne pourrai m'en prendre qu'à mon incapacité et à mon insuffisance.

Pour être lu avec moins d'ennui et plus d'intérêt, je diviserai cette Notice en trois paragraphes différents. Le premier traitera de l'origine du pèlerinage et de l'époque de sa fondation ; le second mettra sous nos yeux la vie de la Sainte qui en est l'objet, et le troisième nous donnera quelques détails sur le site de la chapelle, sur les offices qui s'y célèbrent et sur les processions qui s'y rendent ; le tout sera terminé par les Litanies et l'Oraison de la Sainte.

J. M. J.

PREMIÈRE PARTIE.

Origine du pèlerinage. — Epoque de sa fondation.

En 1813, quelques jeunes gens d'Assions, ayant été appelés sous les drapeaux par l'Empereur Napoléon, prirent la résolution, avant de partir pour le service militaire, de faire quelque chose qui fut de nature à attirer sur leur campagne la protection du Ciel et les Bénédictions de Dieu. S'étant donc réunis et préparés pour le départ, le plus ancien d'entre eux promit à Dieu, au nom de tous, que s'ils revenaient sains et saufs de la milice, ils érigeraient sur la montagne du Puech, une chapelle en l'honneur de sainte Apollonie, vierge et martyre. Ce qui les porta à la dédier à cette Sainte, de préférence à d'autres, ce fut une tradition constante qui avait cours dans le pays et qui leur avait appris que de tout temps on l'avait invoquée sur cette colline, sans qu'on put assigner de commencement véritable à une si louable pratique. Dieu qui se plaît à écouter les prières des âmes simples, et qui abaisse ordinairement ses regards sur les humbles de cœur, daigna exaucer les vœux de ses serviteurs et voulut même les accomplir au-delà de leurs désirs ; car non-seulement ils furent préservés de toute atteinte de projectiles meurtriers ou incendiaires, mais même ils ne coururent aucun danger, n'ayant pas été présents au champ de bataille. La protection divine fut si entière et si sensible sur eux, que bien qu'on eut besoin de leur bravoure et de leur courage au siége de Lyon, bien qu'eux-mêmes désirassent faire preuve d'adresse et de force dans le combat, elle leur épargna jusqu'à l'épreuve de se trouver au feu des batailles et de se mesurer avec de terribles adversaires. De sorte que par un malentendu plein d'à-propos, ou plutôt par la permission divine, ils coulèrent doucement leur campagne dans une caserne de Saint-Etienne-en-Forez, pendant que beaucoup de leurs compagnons d'armes payaient de leur sang et de leur vie une défense acharnée et vigoureuse. Et il n'y a rien en cela de surprenant, car sainte Apollonie, sans doute, avait pris sous sa protection cette intéressante jeunesse, et l'avait mise à l'abri de l'ombre même du péril.

Le siége terminé, nos braves jeunes gens rendirent grâces à Dieu de leur bonne aventure, et ayant été licenciés bientôt après, ils s'empressèrent de revenir dans le pays et de rentrer dans leurs foyers respectifs. A peine étaient-ils de retour chez eux, que pénétrés de reconnaissance pour la protection dont ils avaient été l'objet, ils songèrent aussitôt à accomplir la promesse qui avait été pour eux une sauvegarde toute-puissante et la cause première de leur salut. Ils se réunirent donc en corps, et le conseil municipal, qu'ils eurent le bon esprit de faire entrer dans leurs vues, s'étant saisi de cette affaire, il fut décidé d'un commun accord qu'on se mettrait immédiatement à l'œuvre, et qu'on élèverait l'oratoire qui avait été promis. Le résultat de cette délibération ne fut pas plus tôt connu, qu'aussitôt tous les habitants de la paroisse, du village du Bose surtout, s'empressèrent de coopérer à la bonne œuvre et rivalisèrent de zèle avec les fondateurs dans le charroi des matériaux et dans la main d'œuvre. Néanmoins, malgré toute l'activité qu'on déploya à sa construction, la chapelle ne put être bénite qu'en 1817, époque de son entier achèvement. Cette cérémonie eut lieu et s'accomplit sous la présidence de M. Bardin, curé de la paroisse, accompagné de l'ancien vicaire d'Assions devenu curé d'Aubenas, et entouré d'une foule nombreuse accourue de tous les environs, pour assister à cette fête. Depuis lors, la modeste chapelle qui semblait n'avoir été construite que pour la paroisse d'Assions, fut visitée par un grand nombre d'étrangers, de tout âge et de toute condition. Plusieurs personnages d'un rang assez élevé, des pensionnats même tout entiers n'ont pas dédaigné de gravir les flancs escarpés de la colline, pour venir réclamer la guérison de leurs maux de dents ou de leurs maux de tête, et la Sainte n'a pas été sourde à l'accent de leur prière et au sentiment de leur foi, car bien souvent, pour ne pas dire toujours, elle leur a accordé ce qu'ils désiraient. Voilà quels furent l'origine et l'époque de la fondation de la chapelle de sainte Apollonie, sur la montagne du Puech. Que si l'on me demandait à présent pourquoi l'ont vient invoquer cette Sainte dans les douleurs de dents ou de tête, et non dans les autres infirmités, je répondrais d'abord avec les Saints que Dieu l'a ainsi voulu; et ensuite pour justifier le plan de sa Providence qui est toujours adorable et qui ne fait rien sans raison, je dirais qu'il entre dans les desseins du Très-Haut de glorifier ses Saints par l'endroit même où ils ont le plus souffert, et par où ils lui ont rendu le plus de gloire. Et que fait-il pour cela ? Il leur accorde ordinairement le pouvoir de délivrer leurs dévots des maux qu'ils ont éprouvé eux-mêmes sur la terre et qui leur ont valu une si riche couronne dans le Ciel. Or, sainte Apollonie ayant eu toutes les dents meurtries et fracassées à coup de pierre et ayant éprouvé nécessairement des douleurs atroces dans les machoires et à la tête, Dieu, pour la récompenser, lui a départi un don particulier, l'a favorisée d'une puissance spéciale pour soulager ou guérir ces infirmités dans les autres. Et qu'y a-t-il en cela de contraire à la logique et au plus simple bon sens ? Ou plutôt, qu'y a-t-il de plus rationnel et de plus analogue à notre propre conduite ? N'éprouvons-nous pas tous les jours que nous sentons une plus grande compassion dans le cœur pour les personnes atteintes du même mal que nous ? Oui, nous voyons journellement qu'on est d'ordinaire plus habile et plus porté à guérir son prochain, lorsqu'on a été travaillé du même mal que lui. Loin de nous donc ce sourire d'incrédulité, de dédain ou de pitié de certains esprits forts, qui ne voient dans la dévotion aux Saints qu'une bigoterie de femme, qu'une faiblesse de tête, ou ce qui est plus grave encore, qu'une superstition inventée par les prêtres pour gagner de l'argent. Dieu qui est infiniment bon, ne changera pas le plan de sa Providence, pour complaire à ces esprits follets ou mécréants ; sainte Apollonie n'en continuera pas moins sa mission spéciale auprès des malades, et nous, nous ne cessserons pas pour cela d'invoquer la Sainte comme par le passé. Ce n'est pas à Dieu à s'abaisser au niveau de l'homme, mais c'est à celui-ci à s'élever à la taille de Dieu, en entrant dans toutes ses vues et en se soumettant à toutes ses volontés. Mais passons à la vie de la Sainte, qui, quoique très-succincte et très-courte, ne laisse pas d'être pleine d'intérêt et d'édification.

DEUXIÈME PARTIE.

Vie de sainte Apollonie, vierge et martyre.

Sainte Apollonie, qu'on appelle aussi Apolline, naquit à Alexandrie, ville capitale de la Basse-Égypte, vers l'an 200 de Jésus-Christ. Ses parents qui étaient aussi recommandables par leur piété que par leurs richesses, eurent grand soin de l'élever dans la crainte de Dieu et dans la pratique de tous ses commandements. L'éducation qu'ils lui donnèrent et qui était en rapport avec sa condition ne fut pas perdue ; car cette dévote enfant profita si bien des paroles et des exemples des personnes chargées de sa conduite, qu'elle devint en peu de temps un modèle accompli de toutes les vertus, et qu'on aimait à la proposer aux autres comme une copie vivante de la sainteté. Mais parmi toutes les bonnes qualités dont Dieu l'avait douée et qui la rendaient recommandable à tout le monde, ce qu'on se plaisait le plus à admirer en elle et ce qu'on ne se lassait pas de contempler, c'était un amour extrême pour la chasteté, et une attention continuelle à conserver cette vertu angélique. Tout en elle respirait cette aimable pureté, tout annonçait cette pudeur virginale qui rend l'homme semblable aux Anges et qui est si agréable à Jésus et à Marie. Son regard, sa parole, sa démarche, tout en un mot, portait à Dieu et dénotait une âme morte à elle-même, morte à ses passions et remplie des dons du Saint-Esprit. Aussi le Seigneur voyant la fidélité de sa servante et le soin qu'elle apportait à se préserver des moindres souillures du péché et des occasions où son innocence aurait pu faire naufrage, la combla-t-il des plus insignes grâces et des plus précieuses faveurs. Non-seulement il la favorisa du don de prière et de recueillement, ce qui est un des plus beaux présents que le Ciel puisse faire à une créature, mais encore il lui accorda quelque chose d'infiniment plus estimable et de plus glorieux : ce fut le courage de supporter toute sorte de tourments et la mort même pour la foi de Jésus-Christ. Voici de quelle manière les Bollandistes et le Bréviaire romain racontent le martyre de cette héroïne chrétienne : L'Empereur Dèce étant monté sur le trône, après avoir assassiné son prédécesseur, n'eut rien de plus pressé que de renouveler la persécution avec une violence diabolique, et cela, comme dit Bossuet, en haine de Philippe, qui sur la fin de son règne, avait accordé la paix à l'Eglise. Cette persécution, la septième depuis l'établissement du christianisme, s'annonça par des cruautés inouïes. On employa les grils ardents, les huiles bouillantes, les verges, les chevalets, les tenailles rougies au feu ; on sciait les uns, on écorchait les autres, on précipitait ceux-ci dans des cloaques infects, on éventrait ceux-là ; en un mot, il n'est aucun genre de supplice qu'on n'inventât pour forcer les chrétiens à renoncer à la vraie foi. Ce fut dans cette persécution que le Pape saint Fabien, la vierge sainte Agathe, sainte Denise, âgée de seize ans, sainte Victoire et une infinité d'autres souffrirent généreusement le martyre. Sainte Apollonie qui était à Alexandrie et qui se préparait par la prière et les bonnes œuvres à tous les desseins de Dieu sur elle, fut aussi appelée au même honneur et à la même gloire; car les païens s'étant saisis de cette innocente Vierge, et l'ayant conduite devant leurs idoles, lui ordonnèrent d'offrir de l'encens aux faux dieux et de les adorer. La Sainte, ayant horreur d'une telle proposition, se mit à leur prouver, par des raisonnements invincibles que Jésus-Christ seul, devait être adoré, comme étant le Fils unique de Dieu et Dieu lui-même. Ces idolâtres entendant ainsi parler la Sainte, ne se possédaient pas de colère, et dans la fureur qui les animait, s'étant armés de pierres aiguës qu'ils trouvèrent sous leurs mains, ils lui en meurtrirent cruellement le visage et lui brisèrent les machoires et les dents. Après ce premier supplice qui mit notre Sainte tout en sang, ils la conduisirent auprès d'un bûcher ardent, et là, lui ordonnant encore de renoncer à Jésus-Christ, la menacèrent de l'y jeter dedans, si elle n'obéissait incontinent à leurs ordres. Mais la Sainte, loin d'être intimidée par de telles menaces, n'en conçut que plus d'ardeur pour le martyre ; de sorte qu'étant demeurée quelques instants comme ravie hors d'elle-même et réfléchissant sur ce qu'elle avait à faire, elle s'élança tout à coup, par un mouvement particulier de l'esprit de Dieu, dans le feu qui avait été préparé et qui brûla en peu de temps son saint corps, pendant que sa belle âme s'envolait dans le Ciel avec l'auréole du martyre. Telles furent en abrégé la vie et la mort de sainte Apollonie, et c'est ainsi que se termina en 250 de Jésus-Christ, la pieuse carrière de cette Vierge. Ce martyre, il faut l'avouer, est plus admirable qu'imitable, car il n'est pas permis de se donner la mort à soi-même, sans une inspiration spéciale de celui qui nous a donné la vie, mais aumoins il nous prouve jusqu'à quel point cette Sainte aimait son Seigneur et son Dieu, et tendait à s'unir à lui de toute l'étendue de son cœur. Aussi la postérité toute entière a-t-elle justifiée la conduite qu'elle tînt en cette circonstance et lui a-t-elle décerné les honneurs dus aux véritables martyrs de Jésus-Christ. Adressons-nous donc avec confiance à cette glorieuse Sainte et invoquons-la dans nos infirmités, car son intercession dans le Ciel doit être d'autant plus puissante, d'autant plus active, que sa vie a été plus pure et sa mort plus précieuse aux yeux de Dieu. Mais surtout, tâchons d'imiter les vertus qu'elle a pratiquées ici bas, pendant sa vie mortelle, car il ne nous serait guère utile d'avoir recours à sa médiation, si nous ne nous efforcions d'acquérir la sainteté dont elle nous a donné l'exemple et qui lui a valu une si riche couronne dans la céleste patrie.

TROISIÈME PARTIE.

Site du Pèlerinage. — Détails divers.

La montagne sur laquelle est bâtie la chapelle de sainte Apollonie étant une des plus curieuses que l'on puisse voir dans le pays, attire naturellement l'attention des visiteurs et des étrangers. Aussi, soit que le voyageur arrive par la route d'Alais ou la route d'Aubenas, soit qu'il descende par le haut des Cévennes, ou qu'il remonte par le chemin de Barjac, il a toujours devant lui ce mamelon colossal, comme pour lui servir de distraction et rompre la monotonie de son itinéraire, ou bien encore, pour le guider et être un point d'orientation dans ses incertitudes; mais ce qui frappe le plus à l'aspect de cette colline, c'est la singularité de sa conformation et son complet isolement de tout ; isolement tel qu'elle paraît ne tenir à aucune autre masse et n'appartenir à aucune ramification. On la dirait, pour ainsi dire, jetée là par le Tout-Puissant, pour exercer l'intelligence de l'homme et provoquer dans son esprit des sentiments d'admiration et de surprise. Aussi la méditation des choses célestes est-elle facile sur ces hauteurs paisibles, et les moments y passent-ils avec rapidité ! L'âme s'y sent plus à l'aise, le cœur est plus près de Dieu, et les passions bruyantes et tracassières n'osent plus y faire entendre leur voix. L'air pur et embaumé qu'on y respire, la belle perspective dont on y jouit, et le brillant panorama qui se déroule à vos yeux, tout cela fait penser aux vérités éternelles, et détache le cœur des objets terrestres et passagers. De là cette exclamation involontaire et subite des personnes sceptiques, qui du haut de cet observatoire naturel, contemplant une nature soixante fois séculaire, se sont surpris à s'écrier quelquefois : Mon Dieu, je crois en vous ; vos œuvres sont admirables ; vous êtes de toute éternité : l'homme ne peut rien faire qui approche de ce que je vois ! Ah ! que n'est-il donné à certains incrédules de nos jours, de venir passer quelques instants sur ce coteau, de vivre au moins vingt-quatre heures dans cette atmosphère parfumée par les fleurs du printemps ; comme ils déposeraient bientôt leurs doutes, comme ils s'empresseraient de croire en Jésus-Christ !!! comme leurs cœurs s'ouvriraient à la vérité et à l'amour !!! Combien, en un mot, ils seraient heureux ! Mais c'est là une grâce que Dieu ne fait pas à tout le monde, une faveur qu'il n'accorde qu'aux petits et aux humbles ; et que ceux-là seuls qui les ont éprouvées comprennent parfaitement. Admirons donc les desseins de miséricorde et de bonté que la Providence a eus sur notre contrée, en inspirant à nos ancêtres d'ériger un oratoire pieux, qui est devenu entre les mains de Dieu une occasion de salut et une source de bénédictions pour tous. C'est, en effet, sur cette montagne du Puech, sur ce cône tronqué et surmonté d'une chapelle en guise de couronne, que sainte Apollonie est venu, en quelque sorte, s'asseoir afin d'y recevoir nos hommages et de nous y combler de ses faveurs. Et depuis qu'elle siége sur cette hauteur, comme sur un trône, que de grâces n'a-t-elle pas obtenues à ses dévots, soit dans l'ordre spirituel soit dans l'ordre temporel ? Que de maux de dents ou de maux de tête ont disparu devant sa puissante invocation ! Que de personnes nous ont assuré avoir été presque subitement guéries de ces cruelles infirmités après l'accomplissement ou le vœu d'un pélerinage à la Sainte ! Peut-être que quelqu'un ne croira pas à mes paroles et en suspectera la sincérité, mais dans ce cas, je le prie d'en faire l'expérience et de s'assurer par lui-même de la vérité, et puis de venir me dire si je l'ai trompé et induit en erreur : j'ai la confiance que les faits ne démentiront pas ce que j'avance ici et que je ne serai pas trouvé menteur.

Au reste, quelle que soit l'incrédulité ou l'indifférence de certaines gens, la confiance en la Sainte n'en devient pas moins vive chaque jour, ni le concours à sa chapelle moins nombreux. Tous les ans on y fait deux processions solennelles auxquelles assiste une foule d'étrangers : la première a lieu le dimanche qui suit le 9 février, jour de la fête de la Sainte, et la seconde, le jour même de l'Ascension de Notre-Seigneur. On ne se ferait pas une idée, sans l'avoir vu, de la beauté et de la majesté de ces processions se déroulant et serpentant le long des flancs escarpés de la colline et se massant ensuite sur la montagne pour y chanter les louanges de Dieu. Il faut avoir pris part à ces pompes religieuses pour en apprécier les émotions et en comprendre les avantages. Outre ces deux processions, on va tous les lundis de l'année dire la sainte messe à la Chapelle, à moins que le temps ne soit trop mauvais. Cette messe se dit à 8 heures en hiver et à 6 heures et demie en été, et on y récite au commencement et à la fin les litanies de sainte Apollonie. Comme il n'y a point de maison sur la montagne, on ne laisse jamais la clef à la chapelle, mais on la dépose toujours au presbytère d'Assions. Ceux donc qui veulent visiter le pieux oratoire, y faire le Chemin de la Croix ou y réciter les litanies de la Sainte, doivent avoir soin de la demander à la cure en passant, et la rendre aussitôt après être descendu de la montagne. S'ils veulent donner quelque chose pour l'entretien de la chapelle, ils le déposent sur l'autel de la Sainte, ou bien ils le mettent dans le tronc destiné à cet usage. Nous tenons à donner ici tous ses détails, afin d'épargner à plusieurs des courses inutiles et aussi pour répondre à des renseignements qu'on nous demande de temps en temps. De cette sorte, le public sera instruit de ce qu'il désire savoir, et nous, nous ne serons pas obligé de répéter toujours les mêmes choses.

Et maintenant, en terminant ce petit écrit qui n'est qu'un trait de plume en l'honneur de la Sainte, qu'on me permette d'adresser la parole aux pélerins et dévots de sainte Apollonie et de leur dire dans toute la sincérité de mon âme : O vous, qui que vous soyez, qui venez solliciter dans son oratoire une faveur spirituelle ou temporelle, n'oubliez pas que le meilleur moyen d'obtenir ce que vous désirez, c'est de vous résigner d'avance à la volonté de Dieu, c'est de vous appliquer à imiter les vertus de la Sainte, c'est surtout de faire une bonne confession et une fervente communion. A ces conditions, soyez en sûrs, sainte Apollonie vous accordera ce que vous êtes venus lui demander, et si elle ne vous l'obtient pas, parce qu'elle ne le juge pas utile à votre salut, elle vous donnera quelque chose de mieux et des grâces plus précieuses : la paix du cœur, le calme de l'esprit, la joie de l'âme et la tranquillité de la conscience. Ainsi soit-il.

LITANIES DE SAINTE APOLLONIE

VIERGE ET MARTYRE

Approuvées par Monseigneur l'Evêque de Viviers.

Seigneur, ayez pitié de nous.
Jésus-Christ, ayez pitié de nous.
Seigneur, ayez pitié de nous.
Jésus-Christ, écoutez-nous.
Jésus-Christ, exaucez-nous.
Père céleste qui êtes Dieu, ayez pitié de nous.
Fils Rédempteur du monde qui êtes Dieu, ayez pitié de nous.
Saint-Esprit qui êtes Dieu, ayez pitié de nous.
Sainte Trinité qui êtes un seul Dieu, ayez pitié de nous.
Sainte Marie, Mère de Dieu, priez pour nous.
Sainte Apollonie, Vierge et Martyre de Jésus-Christ, priez pour nous.
Sainte Apollonie, remplie des dons du Saint-Esprit, priez pour nous.
Sainte Apollonie, embrasée d'amour pour Dieu, priez pour nous.

Sainte Apollonie, fidèle servante de Marie, priez pour nous.

Sainte Apollonie, modèle de pureté,
Sainte Apollonie, miroir d'humilité,
Sainte Apollonie, exemple de charité,
Sainte Apollonie, prodige de pénitence,
Sainte Apollonie, trésor de patience,
Sainte Apollonie, meurtrie de coups de pierre,
Sainte Apollonie, perdant vos dents avec votre sang,
Sainte Apollonie, consumée par les flammes sur un bûcher,
Sainte Apollonie, expirant dans le feu,
Sainte Apollonie, victime sainte et d'agréable odeur,
Sainte Apollonie, chérie de votre Epoux céleste,
Sainte Apollonie, triomphant dans les cieux,
Sainte Apollonie, assise sur un trône de gloire,
Sainte Apollonie, ornée d'une couronne virginale,
Sainte Apollonie, sensible à nos souffrances,

Priez pour nous.

Sainte Apollonie, très-puissante Protectrice, priez pour nous.
Sainte Apollonie, vierge compatissante, priez pour nous.
Sainte Apollonie, avocate des affligés, priez pour nous.
Sainte Apollonie, guérison des malades, priez pour nous.
Agneau de Dieu, qui effacez les péchés du monde, pardonnez-nous, Seigneur.
Agneau de Dieu, qui effacez les péchés du monde, exaucez-nous, Seigneur.
Agneau de Dieu, qui effacez les péchés du monde, ayez pitié de nous, Seigneur.
Jésus-Christ, écoutez-nous.
Jésus-Christ, exaucez-nous.

℣. Priez pour nous, sainte Apollonie,

℟. Afin que nous nous rendions dignes des promesses de Jésus-Christ.

PRIONS.

O Dieu, qui avez accordé à la glorieuse sainte Apollonie la force de supporter toute sorte de tourments et la mort même pour la foi de Jésus-Christ, faites-nous la grâce, nous vous en conjurons, d'être délivrés de tous les maux du corps et de toutes les infirmités de l'âme, afin que vous servant dans la sainteté et dans la justice tous les jours de notre vie, nous méritions de faire une fin heureuse et de vous contempler un jour à découvert dans la splendeur de votre gloire. Par Jésus-Christ. Ainsi soit-il.

ANTIENNE ET ORAISON

(Extraites du Romain).

La bienheureuse Apollonie supporta de cruels tourments pour l'amour de Jésus-Christ : d'abord les bourreaux lui brisèrent les dents avec des marteaux de fer, et pendant qu'elle était dans ce tourment, elle demanda au Seigneur que quiconque invoquerait dévotement son nom, fût préservé du mal de dents.

℣. Priez pour nous, sainte Apollonie,

℟. Afin que nous nous rendions dignes des promesses de Jésus-Christ.

PRIONS.

O Dieu tout-puissant et éternel, qui avez délivré la bienheureuse Apollonie des mains de ses ennemis et qui avez exaucé sa prière, accordez-nous la grâce d'être délivrés de tout mal de dents, et de jouir d'une parfaite santé de corps et d'esprit, afin que nous puissions un jour vous rendre d'éternelles actions de grâces dans la céleste patrie.

Ainsi soit-il.

FIN.

www.ingramcontent.com/pod-product-compliance
Lightning Source LLC
Chambersburg PA
CBHW060526050426
42451CB00009B/1183